REDESCUBRIENDO LA GUERRA ESPIRITUAL

CÓMO LUCHAR Y GANAR LA BATALLA CONTRA EL ENEMIGO INVISIBLE

VOLUMEN I

REDESCUBRIENDO LA GUERRA ESPIRITUAL

CÓMO LUCHAR Y GANAR LA BATALLA CONTRA EL ENEMIGO INVISIBLE

VOLUMEN I

KEVIN BAILEY

EDITORIAL TOQUE DEL MAESTRO

INDIANAPOLIS

Diseño de Interiores por Arlana Johnson

Cubierta del libro por
Flaming Sword Productions
Shirri Buchanan
flamingswordwitty@gmail.com

Traducido por Patricia R. Robinson
Shalom Translations
shalomtranslations1@gmail.com

Si bien el autor ha hecho todo lo posible para proporcionar direcciones de Internet precisas en el momento de la publicación, ni el editor ni el autor asumen ninguna responsabilidad por los errores o por los cambios que se produzcan después de la publicación.

20 21 22 23 24 — 9 8 7 6 5 4 3 2 1

Impreso en los Estados Unidos de América

DEDICACIÓN

Para Kalyn K. Bailey

Llevarás la antorcha de lo Apostólico, liberación y guerra espiritual por todo el mundo y a muchas generaciones.

RECONOCIMIENTOS

Gracias a todos los que me alentaron y apoyaron para escribir este libro. Dios los bendiga a todos.

Agradezco a la Apóstol Kim Muñiz, que pasó muchas horas escribiendo y poniendo orden en el contenido.

Muchas gracias a la anciana Toni Thompson, quien soportó la guerra durante todo este proceso, y por recuperar la información de este libro que pensábamos se había perdido.

Muchas gracias a Arlana Johnson por las innumerables horas dedicadas a hacer realidad este libro.

Gracias al Apóstol Ricky y a la Profetisa Deandrea Thomas por creer en mí y animarme a escribir este libro. Gracias también al Apóstol Mario y a la Profetisa Joyce López—ambos tienen un lugar especial en mi corazón.

CONTENIDO

PRÓLOGO

Redescubriendo La Guerra Espiritual: Cómo Luchar Y Ganar La Batalla Contra El Enemigo Invisible por el Apóstol Kevin Bailey es una herramienta para la guerra espiritual llena de principios fundamentales basados en una fuerte visión de las Escrituras. A través de la intercesión, los decretos y la comprensión de las armas que Dios nos ha dado, el Apóstol Bailey demuestra cómo podemos derrotar al enemigo.

Verdaderamente, este libro nos enseña que somos "Las hachas de batalla de Dios y las armas de guerra" (Jeremías 51:20). Este libro me emociona porque su estilo se basa en la ejecución de juicios, como está escrito en Salmos 149:9.

Apóstol Dr. Ivory Hopkins
conocido como El General de La Liberación
Supervisor y Fundador de
Pilgrims Ministry of Deliverance
Georgetown, DE

INTRODUCCIÓN

¡Estás en una guerra! Lo sepas o no, te has alistado en el ejército de Dios como soldado de Jesucristo. En cualquier momento, puedes estar al borde de la batalla con tus enemigos. Si eliges no participar, te convertirás en una víctima de la guerra. Pero, si te paras y peleas, todo el cielo, incluido Dios mismo, está disponible para llevarte a la victoria.

> Y les dirá: 'Escucha, Israel: Ustedes se acercan ahora a la batalla contra sus enemigos. No desmaye su corazón. No teman ni se turben ni se aterroricen delante de ellos. Porque el SEÑOR su Dios va con ustedes, para combatir por ustedes contra sus enemigos y para darles la victoria'.
>
> —Deuteronomio 20:3-4

> Oh Dios, oh SEÑOR, fortaleza de mi salvación, Tú cubres mi cabeza en el día de la batalla.
>
> —Salmo 140:7

Tiempo de amar y tiempo de aborrecer; tiempo de
guerra y tiempo de paz.

—Eclesiastés 3:8

Uno de los mayores engaños en el cuerpo de Cristo
está en torno a la guerra espiritual. En el idioma Griego,
la palabra para guerra es *strateia*, que significa servicio
militar.[1] La guerra también se define como operaciones
militares entre enemigos o lucha entre entidades com-
petidoras. Términos similares incluyen batalla, conflicto,
combate y enfrentamientos hostiles armados. En pocas palabras, la guerra espiritual es luchar contra el diablo y sus
cohortes. Se libra en el espíritu—la dimensión invisible. El
enemigo opera encubierto para mantener a los santos de
Dios ignorantes a la verdad sobre la guerra espiritual. Lo
oculta en misterio, intenta desacreditarlo e instiga el miedo para hacer que los creyentes lo eviten a toda costa.

Como resultado, muchos lo ven como innecesario
o intimidante. Y aquellos que sí se involucran en ello, a
menudo son ineficaces debido a la falta de preparación y la
ejecución deficiente. Es por eso que, incluso después de la
liberación, muchos cristianos siguen atados por la pobre-
za, los padecimientos físicos, las enfermedades mentales,

los efectos del trauma, las maldiciones generacionales y una serie de otros problemas. Están oprimidos, deprimidos, hechizados, atormentados y, en última instancia, obstaculizados de cumplir con sus destinos designados por Dios. Para cada creyente, participar en la guerra espiritual es esencial para romper las ataduras. Escribí el primer volumen de *Redescubriendo La Guerra Espiritual: Cómo Luchar Y Ganar La Batalla Contra El Enemigo Invisible* por esta misma razón. Es hora de alentar, instruir y equipar a los santos para la batalla como buenos soldados de Cristo.

> ¡Proclamen esto entre las naciones,
> declaren guerra santa,
> convoquen a los valientes!
> Acérquense y acudan
> todos los hombres de guerra.
>
> —Joel 3:9

> "Una maza y un arma de guerra eres tú para Mí. Por medio de ti destrozo naciones; por medio de ti destruyo reinos; por medio de ti destrozo el caballo y a su jinete; por medio de ti destrozo el carro y a su conductor..."
>
> —Jeremías 51:20-21

Adiestra mis manos para la batalla;
así mis brazos pueden tensar el arco de bronce.

—Salmo 18:34

Este libro nació de casi 15 años de mi experiencia como intercesor. Como apóstol, estoy comprometido con una carrera de por vida en la guerra espiritual. Mi mandato es luchar contra los principados, las redes demoníacas, la maldad espiritual y las tradiciones hechas por el hombre que impactan a los individuos y territorios. Lo que he escrito en este libro se basa en estrategias comprobadas de guerra espiritual, guiadas por el Espíritu Santo y la Palabra de Dios. He viajado a más de 30 ciudades, regiones y naciones, empleando los mismos enfoques, oraciones y decretos que compartiré con ustedes. Y personalmente he sido testigo de la libertad, la sanidad y los milagros que han llegado a través de la guerra (puede leer acerca de algunas de estas experiencias más adelante en el libro). Es mi oración que mientras leas, recibirás revelación de Dios y serás equipado para:

- Establecer un fundamento firme para participar en la Guerra.

- Identificar, entender, y usar tus armas.
- Entender cómo configurar tus armas.
- Conocer a tu enemigo y sus estrategias.
- Prepararte antes de la batalla.
- Participar eficazmente en la batalla utilizando oraciones y decretos.

Para aportar claridad y revelación, he incorporado muchas Escrituras de apoyo a lo largo de este libro. Te animo a que tengas tu Biblia lista para hacer referencia a medida que lees, para que puedas subrayar, revisar y meditar en las Escrituras clave a medida que eres guiado. Hacer esto te ayudará a afianzarte y fortalecerte, a medida que comiences a entender más acerca de la guerra espiritual y cómo luchar en el reino invisible.

El enemigo hizo todo lo posible para disuadir y frustrar la finalización de este proyecto. Mi equipo de ministerio, Touch of the Master Healing Ministries International (Ministerio Internacional de Sanidad Toque del Maestro), y otros, estuvieron en constante oración e intercesión. Experimentamos nuestra parte de la guerra y los ataques durante todo el proceso, pero casi todos los que apoyaron y leyeron este libro recibieron sanidad, liberación y rompimiento. Estoy creyendo lo mismo para ti, tu familia, tus congregantes y aquellos a quienes ministras. Así que, ¡preparémonos para la batalla, preparémonos para atacar y luchar!

SALVACIÓN A TRAVÉS DE JESUCRISTO

Debes entender que las estrategias de este libro sólo son efectivas si eres un seguidor de Jesucristo; es decir, si crees en la muerte, sepultura y resurrección del Señor Jesús. Si aún no has tomado la decisión de convertirte en un cristiano, te animo a hacerlo ahora (véase La Oración de Salvación en la página 109). No te demores. Dios te ama tanto que dio a Su único Hijo, Jesús, para que quien crea en Él viva para siempre (véase Juan 3:16). Dios tiene un destino ya establecido para tu vida y todos Sus planes están diseñados para hacerte prosperar y darte esperanza (véase Jeremías 1:5, 29:11).

Capítulo 1

ESTABLECIENDO TU FUNDAMENTO PARA LA GUERRA ESPIRITUAL

El entrenamiento para la batalla comienza con una preparación intensa. En el Ejército de los Estados Unidos todos los reclutas comienzan con un período de entrenamiento básico de 10 semanas (también conocido como Boot Camp). Este proceso está diseñado para des-civilizarte. Convertirse en soldado significa abandonar tu antigua forma de vida. La capacitación comienza en el aula donde aprendes a comportarte con nuevas reglas, regulaciones y políticas. Las próximas semanas son una inmersión en la vida militar, con la orientación de tu Sargento de Instrucción. Te coloca en el campo para ponerte en las mejores condiciones mentales y físicas y edificar tu resistencia. Eventualmente estás listo para convertirte en un tirador. Recibes un arma M16A2 estándar y aprendes a disparar desde diferentes posiciones. Tu confianza aumenta a medida que perfeccionas tus habilidades de tiro, aprendes a usar más armas, superas obstáculos y confías en tu pelotón. En las últimas semanas, pasas por rigurosas pruebas para asegurarte de que estás listo para el combate como soldado del Ejército de los EE. UU.[1] Este tipo de entrenamiento militar es similar a lo que experimentamos en el cuerpo de Cristo.

> Tú, pues, sé partícipe de los sufrimientos como buen soldado de Cristo Jesús. Ninguno en campaña militar se enreda en los negocios de la vida, a fin de agradar a aquel que lo alistó como soldado.
>
> —2 Timoteo 2:3-4

Dios nos llama a ser guerreros hábiles. Cuando vienes a Cristo, Te asocia con el Espíritu Santo para llevarte a través del entrenamiento espiritual. Primero, Dios te edifica en Su Palabra para renovar tu mente. El Espíritu Santo te enseña a empuñar la Palabra: "Porque la Palabra de Dios es viva y eficaz, y más penetrante que toda espada de dos filos. Penetra hasta partir el alma y el espíritu..." (Hebreos 4:12). Segunda Samuel 22:31 dice, "Perfecto es el camino de Dios; probada es la palabra del SEÑOR. Él es escudo a todos los que en Él se refugian." Un buen soldado conoce sus armas: cómo se construyen, el daño que pueden infligir y cómo usarlas. Para ser un buen soldado, primero debes conocer la Palabra de Dios, que es el arma más importante disponible para ti. Más tarde, aprenderás sobre dos armas adicionales que son clave y que necesitarás para luchar.

Durante su proceso de entrenamiento como creyente, tu resistencia y confianza se desarrollan a través del ejercicio diario: oración, estudio y meditación sobre las Escrituras. Al igual que en el ejército, tienes que estar listo para atacar en todo momento. Durante el entrenamiento militar, los soldados son despertados en medio de la noche y se espera que estén listos para pelear. Una de las primeras cosas que están condicionados a hacer es tomar su arma. Como soldado en el ejército de Dios, cuando el Espíritu Santo te despierte por la noche, levántate y agarra tu Palabra. Lee y busca lo que el Señor tiene que decirte; puede proporcionarte la información, las instrucciones y el conocimiento que necesitarás para luchar.

Autoridad en Jesucristo

Autoridad significa poder para influir en el pensamiento o el comportamiento. Una autoridad también puede ser referida como una persona que es vista como un experto. En el ejército, los soldados deben seguir una cadena de mando—la jerarquía de la autoridad. Los oficiales al mando proporcionan los límites a través de los cuales los soldados tienen la libertad de actuar. Obedecer a la autoridad es más que un ejercicio de seguimiento de las reglas. Cuando la autoridad es ignorada, malentendida o aplicada inapropiadamente, las acciones militares pueden ser vistas como ilegítimas o incluso criminales.[2]

Como creyentes, cuando peleamos para ver que se cumpla la voluntad de Dios, debemos saber que luchamos desde un lugar de autoridad. Toda autoridad le ha sido dada a Jesucristo en el cielo y en la tierra; nuestra autoridad para la guerra y para vencer todo el poder del enemigo nos fue dada por Él (ver Mateo 28:18; Lucas 10:17-19; 2 Tesalonicenses 3:3). Tu espíritu está sentado con Él en el cielo y tienes acceso al Espíritu de Sabiduría y Revelación en Él (ver Efesios 1:17, 2:6). Eres un heredero de Dios y un coheredero con Cristo, y eres más que un vencedor a través de Aquel que te amó (ver Romanos

8:16-17, 37). No debes luchar bajo tu propio nombre, autoridad o fuerza. Eso resultará en una derrota segura. Tu autoridad en Cristo pone a tu disposición las siguientes herramientas para que las uses en medio de la batalla:

- *La Sangre de Jesús:* Hebreos 10:19 dice que a través de la sangre de Jesús, podemos entrar confiadamente en el lugar más Sagrado, donde Dios mora. Con su muerte, sepultura y resurrección, la sangre de Jesús proporcionó una manera nueva y viva para que nos acerquemos al Padre. También vencemos al enemigo por la sangre del Cordero y la palabra de nuestro testimonio (ver Apocalipsis 12:11).

- *El Nombre de Jesús:* Cuando pronunciamos el nombre de Jesús, ejercemos Su poder y autoridad. Dios le ha dado a Cristo el nombre que está por sobre todo nombre, para que en el nombre de Jesús toda rodilla se doble, de los que están en el cielo, de los que están en la tierra, y de los que están debajo de la tierra, y que toda lengua confiese que Jesucristo es Señor, para la gloria de Dios Padre (ver Filipenses 2:9-11).

- *La Autoridad de la Palabra:* Debemos conocer la Palabra de Dios para hacer valer su autoridad. Efesios 6:17-18 dice, "...y la espada del Espíritu, que es la palabra de Dios; orando en todo tiempo con toda oración y súplica en el Espíritu, y velando en ello con toda perseveracia y súplica por todos los santos."

- *La Posición Espiritual De Jesús:* Cristo está sentado en el cielo, a la diestra del Padre, muy por encima de todo principado, autoridad, poder y señorío, y cada nombre que se nombra... (ver Efesios 1:20-23). Dios lo ha exaltado y le ha dado el nombre que está sobre todo nombre.

En la guerra, puedes declarar la sangre de Jesús sobre personas, lugares y cosas; pronunciar el nombre de Jesús para establecer Su soberanía sobre todos; decretar la Palabra para hacer que las circunstancias se alineen con la voluntad de Dios y gloria en la posición de Jesús, que está sentado en los cielos, muy por encima de cualquier otro poder o nombre.

LA ARMADURA COMPLETA DE DIOS

Los hombres y mujeres militares usan uniformes que incluyen cascos, almohadillas y otros equipos especialmente diseñados para protegerse en el fragor de la batalla. En el cuerpo de Cristo, tu uniforme espiritual es toda la armadura de Dios. Esta es una capa clave de defensa, con elementos ofensivos, que debe estar en su lugar antes de participar en el combate.

> Por lo demás, hermanos míos, fortaleceos en el Señor, y en el poder de su fuerza. Vestíos de toda la armadura de Dios, para que podáis estar firmes contra las asechanzas del diablo. Porque no tenemos lucha contra sangre y carne, sino contra principados, contra potestades, contra los

gobernadores de las tinieblas de este siglo, contra huestes espirituales de maldad en las regiones celestes. Por tanto, tomad toda la armadura de Dios, para que podáis resistir en el día malo, y habiendo acabado todo, estar firmes.

—Efesios 6:10-13

Creo que el "día malo" en este pasaje de las Escrituras se refiere a las fuerzas y entidades opositoras a las que te enfrentas. Creyente, no estás exento del acecho del enemigo. Debes enfrentarte a las fuerzas demoníacas. Durante tu jornada cristiana serás desafiado en tu fe. La oposición y la calamidad se soltarán contra ti. Esto no es una posibilidad, sino una certeza. Nada en las Escrituras indica que como creyente tu evitarás estas pruebas. Por lo tanto, debes estar preparado para pasar por ellas. La Palabra nos instruye a vestirnos con la armadura de Dios para que podamos enfrentarnos a las artimañas del diablo. Echemos un vistazo a los soldados romanos del primer siglo para entender la importancia de nuestra armadura.

- *Cinturón de la Verdad:* También conocido como una "faja", esta era una prenda suelta atada alrededor de la cintura del soldado que colgaba hasta sus rodillas, cubriendo los lomos. Para los creyentes, el cinturón de la verdad es la Palabra de Dios. Si no eres bien versado en las Escrituras, serás engañado por las mentiras del enemigo y te obstaculizará en desplegar tus otras armas (ver Efesios 6:14; Salmo 51:6).

- *Coraza de la Justicia:* Esta parte de la armadura protege los órganos vitales, incluido el corazón, y desvía los ataques directos. Sin ella, tu pudieras ser guiado por tus emociones, que están asentadas en tu corazón. La pechera no se deriva de nuestra propia justicia, sino que proviene de nuestra fe en Cristo (ver Proverbios 4:23; 2 Corintios 6:7; Filipenses 3:9 NBLA).

- *Sandalias del Evangelio de la Paz:* Estos zapatos eran pesados con suelas con púas que ayudaban a los soldados a mantenerse firmes en la batalla. Mejoraban la movilidad, permitiendo a los soldados marchar largas distancias con velocidad. Los soldados que tienen los pies calzados con las sandalias de paz pueden dar buenas noticias y proclamar la salvación. (ver Efesios 6:15 e Isaías 52:7).

- *Escudo de fe:* Esta arma es rectangular y cubre la longitud del cuerpo, lo que permite a un soldado protegerse por completo durante un ataque. En la lengua griega, escudo también significa "puerta" debido a su tamaño y forma. Al desplegar el escudo de la fe, protegemos todo lo que es valioso para nosotros: nosotros mismos, la familia, las finanzas y las posesiones (ver Efesios 6:16).

- *Casco de Salvación:* El casco protege la cabeza y la mente mientras estás en las trincheras de la guerra. Esto es importante porque la mente en sí es un campo de batalla (voy a compartir más sobre esto en un momento). Proteger tu cabeza te mantiene sobrio y concentrado. Cuando tu eres herido en esta área perderás tu eficacia en la batalla (ver Efesios 6:17; 1 Tesalonicenses 5:8; Isaías 59:17; 1 Pedro 1:13).

- *Espada del Espíritu:* La espada del Espíritu—la Palabra de Dios—es a la vez defensiva y ofensiva. Es rápida y poderosa, más afilada que una espada de doble filo. Cuando luchas, corta y penetra el alma y el espíritu de tu enemigo. El diablo puede atacar, pero cuando declaras la Palabra se forma una espada en el espíritu que lo aleja de tu presencia (ver Efesios 6:17; Hebreos 4:12; Apocalipsis 1:16).

Antes de seguir adelante, quiero revisitar una pieza de tu armadura—el casco. Ponerse el casco de salvación es clave para tomar autoridad sobre el campo de batalla de tu mente. Es en tu mente que puedes sabotearte a ti mismo a través del razonamiento humano o ser atacado por el enemigo con pensamientos negativos, imaginaciones vanas y especulaciones. No te dejes derrotar antes de entrar en la batalla. Ora las siguientes Escrituras para mantener el control sobre tu mente y pensamientos:

Tú guardarás en completa paz a aquel cuyo pensamiento en Ti persevera, porque en Ti ha confiado.

—Isaías 26:3

Sométanse, pues, a Dios. Resistan al diablo, y él huirá de ustedes. Acérquense a Dios, y Él se acercará a ustedes. Limpien sus manos, pecadores, y purifiquen su corazón, ustedes de doble ánimo.

—Santiago 4:7-8

ASEGURANDO LA VICTORIA

La última pieza para establecer los cimientos de la guerra espiritual es saber que se te asegura la victoria. Ya has ganado, y esto sólo a través de lo que Cristo ha hecho por ti (ver 1 Juan 4:4). Prometió desarmar principados y potestades, para hacer un espectáculo abierto de ellos, y hacer que triunfes (ver Colosenses 2:15). Pero, creyente, todavía estás llamado a la guerra. No estás exento. A pesar de que la pelea está arreglada, debes participar en la batalla. El plan de Dios es que tú compartas la victoria de Cristo al participar en ella. Mateo 11:12 dice, "...el reino del cielo sufre violencia, y los violentos lo toman por la fuerza." La palabra "fuerza" en la lengua griega es *harpazo*, lo que significa tomar posesión por la fuerza de, o aferrarse y apoderarse de.[3] Debes luchar violenta y vigorosamente con tu plena confianza en Dios. Mantente firme en tu posición en Cristo y toma lo que te pertenece. La belleza no está en el que tu ganes la pelea. Está en la demostración y celebración de lo que ya se ganó. Jesús, a través del derramamiento de Su sangre, la muerte en la cruz y la resurrección ha demostrado al mundo entero que ha derrotado al reino de Satanás. ¡Santos, ganamos, así que agradecele a Él de antemano!

El SEÑOR hará que tus enemigos que se **levanten** contra ti sean derrotados delante de ti. Por un camino saldrán hacia ti, y por siete caminos huirán de ti.

—Deuteronomio 28:7

Pero gracias a Dios que hace que siempre triunfemos en Cristo...

—2 Corintios 2:1

Capítulo 2

ARMAS DE GUERRA: ORACIÓN E INTERCESIÓN

Y sucederá que antes que llamen,
Yo responderé; y mientras estén hablando,
Yo los escucharé.

—Isaías 65:24

'Clama a mí, y Yo te responderé, y te enseñaré cosas grandes y ocultas que tú no conoces.'

—Jeremías 33:3

Por esta razón les digo que todo por lo cual oran y piden, crean que lo han recibido y les será hecho.

—Marcos 11:24

Hemos establecido que, al prepararnos para la guerra espiritual, la Palabra de Dios es esencial. Conocer la Palabra a través del estudio y la meditación te da una base sólida sobre la cual pararte y luchar. Ahora estamos listos para discutir las próximas armas clave en tu arsenal: la oración y la intercesión.

¿Qué es la oración?

La oración es hablar con Dios. Es alertarlo sobre tus necesidades o las necesidades de quienes te rodean a través de tu propia confesión. Participar del Padre de esta manera demuestra tu fe y confianza en Él para lograr el cambio. Dios es tu respaldo principal y no puedes entrar en guerra sin primero solicitárselo. Consultar a Dios, en el nombre de Jesús, asegura que recibirás una respuesta de Él (ver Juan 14:13, 15:16, 16:23-24). Exploraré más a fondo la oración contestada en un momento.

Orar es hacer una ferviente petición, o una petición reverente a Dios—interrogar, llamar o invitar. También significa pronunciar una contemplación, deseo o súplica. La oración no es simplemente recitar palabras. Es el diálogo entre Dios y Su pueblo. En última instancia, la oración es una manera para que tu te conectes, converses y convivas con el Padre. Salmo 65:2 dice, "Tú oyes la oración; a Ti vendrá toda carne." La oración es viva, energizante e inspiradora. El que ora se revitaliza a sí mismo y a las cosas a su alrededor. Es la fuente de poder del creyente y un conducto para cambiar las circunstancias en su vida y la vida de los demás. Es vital usar la Palabra de Dios en la oración. Cuando oras de acuerdo con la Palabra, Él te escucha, y tendrás lo que pides.

> Y esta es la confianza que tenemos delante de Él: que si pedimos algo conforme a Su voluntad, Él nos oye. Y si sabemos que Él nos oye en cualquier cosa que pidamos, sabemos que tenemos las peticiones que le hayamos hecho.
>
> —1 Juan 5:14-15

Santiago 5:16 dice, "La oración eficaz y ferviente de un hombre justo puede mucho." Las oraciones fervientes son intensas, apasionadas, entusiastas, violentas y vehementes. Tú eres la justicia de Dios a través de la fe en Cristo y tus oraciones tienen la capacidad de irrumpir a través de cualquier cosa. Tienes derecho a pedirle a Dios en oración, y Él ha prometido responder. Al responder, Dios libera revelación y aumenta tu conocimiento en las cosas de Él.

Aviones y barcos utilizan brújulas como instrumentos críticos para guiar su camino y asegurarse de que lleguen a sus destinos. Del mismo modo, la oración te guía. Te dirige en la dirección correcta y te dice hacia dónde vas. Te alerta cuando estás fuera del camino y te ayuda a corregir tu curso. Sin la oración, deambularás sin rumbo en ciclos y patrones que no traen frutos visibles. Recuerda, en la oración Dios es el navegante. Todo lo que tienes que hacer es seguir Su dirección. Como creyente, debes comprometerte a orar y saber que tus oraciones son necesarias para cambiar el mundo.

La oración tiene la capacidad de transformar a las naciones, pero también te transforma a ti. Es un estudio del corazón. Revela tus motivos e identifica tu posición espiritual. La oración expone tus debilidades, pero siempre te dirige al Padre Celestial. En la oración, sometes tu alma—tu mente, voluntad y emociones—a Dios. Puede ser un lugar de purga porque Dios se ocupa de tu iniquidad al venir a Él. "A Ti, oh SEÑOR, levantaré mi alma," (Salmo 25:1). La oración te conmueve y te cambia. Aquí es cuando puede ocurrir la liberación. Cuando te sometes a Dios, le das permiso para que te saque al demonio y te libere. Y con el tiempo, Él puede poner en marcha tu propósito y usarlo para Su gloria.

Leyes Espirituales de Oración Contestada

El poder de la oración es inmutable. Se mantiene cuando todo lo demás falla. Debes orar cuando tengas un deseo intenso de ver que algo suceda. Pero para ver resultados se requiere de mucho trabajo y consistencia. La oración debe hacerse continuamente (ver 1 Tesalonicenses 5:17), porque el enemigo hará todo lo que pueda para mantenerte alejado de orar. Para empuñar eficazmente la oración como arma y recibir respuestas del Señor, debes practicar las siguientes leyes espirituales:

Permanecer

Permanecer significa residir, quedarse en, cumplir con o estar presente permanentemente. El permanecer tiene un doble fin: pasamos tiempo en la presencia de Dios, y Él se queda en nosotros. Encuéntrate con Dios en el lugar secreto entrando en tu habitación, cerrando la puerta y pasando tiempo con Él (ver Mateo 6:6). Cuando permaneces en Dios, y estás en unión consciente con Cristo, puedes pedir cualquier cosa, y se hará. Juan 15:7 dice, "Si permanecen en mí y mis palabras permanecen en ustedes, pidan lo que quieran y les será hecho." El fruto de la permanencia en Cristo es el deseo de seguir quedándonos en Él. Esto nos da la libertad de extraer continuamente de la plenitud de Su gozo (ver Salmo16:11).

Sé Humilde

Las personas más altas del mundo son aquellas dispuestas a ponerse de rodillas e inclinarse en oración. Esta es una postura de humildad ante el Padre. Cuando eres humilde, eres manso y modesto con una naturaleza sencilla. En humildad, estás posicionado para luchar y también para ser elevado. "Humíllense, pues, bajo la poderosa mano de Dios para que Él los exalte al debido tiempo..." (1 Pedro 5:6). La batalla sólo se puede ganar sobre de tus rodillas.

Confesar

Hay poder en el confesar tus errores. Desbloquea la capacidad de tener una intimidad continua con Dios. Primera de Juan 1:9 dice que si confesamos nuestros pecados, el Padre es fiel y justo para perdonar nuestras faltas y limpiarnos de toda injusticia. En 2 Crónicas 7:14, el Señor dice, "...si se humillare mi pueblo sobre el cual es invocado Mi nombre, si oran y buscan Mi rostro y se vuelven de sus malos caminos, entonces Yo oiré desde los cielos, perdonaré sus pecados y sanaré su tierra..."

Pedir

Pedir a Dios implica hacerle una plegaria—venir a Él con tus preocupaciones y peticiones. Imagínate sentado con Dios y hablando como lo harías en una conversación normal con otra persona. Lucas 11:9 dice, "Y yo os digo: Pedid, y se os dará; buscad, y hallaréis; llamad, y se os abrirá. Porque todo aquel que pide, recibe; y el que busca, halla; y al que llama, se le abrirá." Cuando pidas en oración, cree, y lo recibirás (ver Mateo 21:22).

Creer

Cuando ores, recuerda que estás viniendo a Aquel que creó el universo. El Dios que responde por fuego—Él es Dios (ver 1 Reyes 18:24). Lo ve y lo sabe todo, y tiene la capacidad de producir los resultados que buscas. Ser de doble ánimo, orar sin fe y vacilar debilitan tu posición. Es desagradable para Dios (ver Hebreos 11:6). Hebreos 10:23 dice, "Mantengamos firme, sin fluctuar, la profesión de nuestra esperanza, porque fiel es el que prometió." Pídele a Dios que te ayude en tu incredulidad y Él lo hará (ver Marcos 9:24).

Acuerdo

Hay poder al estar de acuerdo con otro en la oración. Con acuerdo, usted debe tener una garantía de unidad en su espíritu con la(s) otra(s) persona(s) para que se establezca el asunto por el que está orando (ver Deuteronomio 19:15). Mateo 18:19-20 dice, "Además les digo que, si dos de ustedes en la tierra se ponen de acuerdo sobre cualquier cosa que pidan, les será concedida por mi Padre que está en el cielo. Porque donde dos o tres se reúnen en mi nombre, allí estoy yo en medio de ellos."

Perseverar

A veces tienes que importunar a Dios sobre un asunto. En otras palabras, debes ser persistente. No caigas en la trampa de pensar que si oras una vez ya no tienes que orar. En Lucas 18:1-8 la implacabilidad de la viuda en la oración hizo que Dios actuara. El versículo siete dice, "¿Acaso Dios no hará justicia a Sus escogidos, que claman a Él día y noche? ¿Se tardará mucho en responderles?" Cuando te descorazones o te desmayes y te canses, ora. Lucas 6:12 dice, "Aconteció en aquellos días, que Jesús salió al monte para orar y pasó toda la noche en oración a Dios." En el lugar de la oración, debes prevalecer.

Obstáculos de la Oración

Al prepararnos para la guerra debemos ser proactivos en la formación de vidas de oración fuertes y efectivas. Hay muchas distracciones que pueden bloquearnos en la oración. A veces nos obstaculizamos debido a nuestra propia desobediencia y en otras ocasiones el impedimento viene de parte del enemigo. La oración requiere obediencia, disciplina y la capacidad de avanzar. Es importante reconocer las trampas que nos impedirán orar.

El temor es el bloqueo número uno a la oración efectiva y está detrás de la mayoría de los obstáculos enumerados aquí. Segunda Timoteo 1:7 dice, "Porque no nos ha dado Dios un espíritu de cobardía sino de poder, de amor y de dominio propio." No puedes temer a tu enemigo porque

Dios mismo pelea por ti (ver Deuteronomio 3:22). Incluso cuando tienes miedo, debes seguir en oración, porque Dios está contigo (ver Isaías 41:10; Salmos 56:3).

Otro obstáculo clave para la oración es el legalismo: la adhesión excesiva a una ley o forma de hacer las cosas. El diablo suele estar detrás de esto. Te dirá que para orar con eficacia, tienes que marcar una lista de "hacer y no hacer" religiosos. Te condenará con reglas legalistas, y un registro de tus iniquidades para avergonzarte, atarte y convencerte de que Dios no oirá ni contestará tus oraciones. Creyente, no permitas que tu corazón se agote por la condena del enemigo. Es el acusador de los hermanos (ver Romanos 8:1; 1 Juan 3:21; Apocalipsis 12:10).

Centrar nuestra atención en los afanes de este mundo, estar ansiosos y la falta de agradecimiento, también nos detienen en la oración (ver Mateo 6:34; Filipenses 4:6). Algunos de nosotros estamos envueltos en la autocompasión y albergamos falta de perdón (ver Marcos 11:25-26). Este comportamiento va directamente en contra de lo que estamos llamados a hacer como creyentes. No puedes pasar por alto tus pecados y prosperar en la oración. Antes de comenzar a orar, pídele a

Dios que exponga tu iniquidad (ver Salmos 139:23). Salmos 66:18 dice, "Si en mi corazón hubiese yo mirado a la iniquidad, El Señor no me habría escuchado." En Proverbios 28:9 vemos que, "El que aparta su oído para no oír la ley, aun su oración es abominable." Debes quitar los ojos de ti mismo, las circunstancias naturales o lo que otros puedan haberte hecho, y enfocarte en el Señor (ver Hebreos 12:1-2). Fijar tus ojos en Él es hacer lo que es agradable a Su mirada. Dios desea que vivamos en santidad (ver 2 Timoteo 2:19-20; 1 Pedro 1:15-16). Y la oración opera en la vida de aquellos que proporcionan a Dios vasos limpios y justos (ver 1 Pedro 3:12).

Conocer y entender tu identidad en Dios es vital en la oración. Puedes estar seguro de la eficacia de tus oraciones basadas en tu relación con Dios y quién eres en Él. Tú eres la justicia de Dios a través de la fe en Cristo Jesús (ver Romanos 3:22). Cuando entras en oración, apareces como un hijo o una hija. Eso significa que no tienes que rogar a Dios—Él es tu Padre. Puedes pedirle cualquier cosa que esté alineada con Su voluntad y creer que Él te escucha y que Él te responderá. Ten fe en que Dios cumplirá sus promesas. No dudes, sino cree que todo lo que pidas en Su nombre, lo recibirás (ver Juan 14:13-14). Isaías 55:11 dice, "así será mi palabra que sale de Mi boca: No volverá a Mí vacía, sino que hará lo que Yo quiero, y será prosperada en aquello para lo cual la envié." No necesitas una credencial, título o posición especial para orar. No necesitas tener una cierta habilidad o palabras inteligentes. Estás autorizado por la sangre de Jesús. Es todo lo que necesitas.

No puedes mantener una vida de oración eficaz y entretener las mentiras del diablo. Tienes que elegir uno u otro. Santiago 4:7 dice, "Sométanse, pues, a Dios; resistan al diablo, y huirá de ustedes." Toma la decisión de que vas a orar sin importar lo que esté pasando a tu alrededor. Dios está esperando noticias tuyas. Está listo para darte revelación, sabiduría y las respuestas a tus problemas. Recuerda, una oración que nunca se pronuncia no puede ser contestada.

Luchando en Oración

Ahora que nos hemos dirigido a posicionarnos para recibir respuestas a la oración, hablemos de la ejecución.   Aquí es donde realmente comienza la batalla.

La oración se embarca en lo sobrenatural—la dimensión invisible. Si bien podemos iniciar la oración usando la Palabra de Dios, una de las maneras más poderosas para que oremos es en el Espíritu. Cuando oras en el Espíritu, usando tu lenguaje celestial, estás orando la voluntad perfecta de Dios con la ayuda del Espíritu Santo. El Espíritu Santo conoce las cosas de Dios: "Porque ¿quién de los hombres sabe las cosas del hombre, sino el espíritu del hombre que está en él? Así tampoco nadie conoció las cosas de Dios, sino el Espíritu de Dios," (ver 1 Corintios 2:11). Es por el Espíritu Santo que recibes todo lo que necesitas para tener éxito en la batalla, incluyendo la instrucción, la sabiduría y la previsión. Cuando no sabes orar, puedes confiar en el Espíritu Santo. Romanos 8:26a dice, "Y asimismo, también el Espíritu nos ayuda en nuestras debilidades; porque no sabemos cómo debiéramos orar..." Cuando oras en el Espíritu, los misterios de

Dios se revelan. El Espíritu Santo se asegura que no sólo recibas información espiritual, sino también la visión estratégica que necesitas para luchar con precisión.

Cuando oramos, sacudimos violentamente los cielos. Estamos derribando las fortalezas para ver la voluntad del Padre manifestarse en la tierra. Para separarte de las promesas de Dios, el enemigo levanta barreras similares a las hechas de piedra que parecen impenetrables. Estas paredes de piedra pueden ser derribadas, pero sólo con el uso intenso de un martillo. Eso es en lo que la oración se convierte cuando usas la Palabra de Dios y tu lenguaje celestial. Echa abajo los lugares duros. Jeremías 23:29 dice, "¿No es mi palabra como fuego, dice Jehová, y como martillo que quebranta la piedra?" La clave es que debes usar el martillo de Dios con diligencia. Eso significa que tienes que seguir golpeando esos lugares difíciles e inflexibles en oración. Y no puedes dejar de orar hasta que hayas logrado el rompimiento. Debes orar sin parar hasta que Dios te haya asegurado la victoria.

Orar con los demás, o corporativamente, aumenta el impacto de la oración (ver Hechos 4:31, 12:5-17; Mateo 18:19). Todos con los que oras no tienen que estar en el mismo nivel de madurez espiritual para que tus oraciones sean poderosas. Es la combinación de consistencia, estrategia y tácticas basadas en la Palabra de Dios lo que trae el rompimiento. La oración consistente libera poder acumulativo. Por eso siempre tenemos que orar. Nuestras oraciones se acumulan y forman fuerzas para llevar la luz a lugares oscuros.

Debes seguir orando, ya sea que veas lo que deseas que suceda o no. Cuando se maneja adecuadamente, la oración es una fuerza que considerar. Es un arma de destrucción masiva que puede penetrar en cualquier reino, nación, ciudad o persona. Derriba los muros del enemigo como un ariete (ver Ezequiel 21:22, 26:9). Pero para ser eficaz, la oración debe ser implementada. ¡Santos, oremos!

INTERCESIÓN

Busqué entre ellos un hombre que levantara el muro y que se pusiera en la brecha delante de Mí, intercediendo por la tierra para que Yo no la destruyera; pero no lo hallé.

—Ezequiel 22:30

Vio, pues, que no había nadie, y se asombró de que no hubiera quien intercediera. Por tanto, Su propio brazo le produjo salvación, y Su propia justicia lo sostuvo.

—Isaías 59:16

¿Qué es Intercesión?

En la guerra espiritual, la intercesión es el compañero de la oración. Hemos establecido que la oración es dialogar con Dios; es comunión y convivencia con Él. La oración se dirige hacia Dios. La intercesión, sin embargo, es trabajar con Dios. Es ponerse en la brecha por las personas y las situaciones. La intercesión se basa en el concepto de oración, pero va más allá de la conversación personal con Dios sobre nuestros propios pensamientos, deseos y necesidades. Nos abre el camino para acercarnos a Dios con las necesidades de otras personas, o incluso de otras naciones.[1]

La intercesión es negociar a favor o en contra de algo—clamando a Dios por su intervención. También significa suplicar y arremeter contra las fuerzas opuestas con la intención de derrocarlas. Otros términos para la intercesión incluyen ponerse en medio, suplicar por otro y representar a alguien delante de otra persona. Para el modelo máximo de intercesión, podemos mirar a nuestro Señor y Salvador Jesucristo.

Como nuestro intercesor principal, Jesús se puso entre Dios y la humanidad para reconciliarnos con el Padre. 1 Timoteo 2:5 dice, "Porque hay un solo Dios y un solo mediador entre Dios y los hombres, Jesucristo Hombre..." Al cumplir con su papel de mediador, Jesús rompió el control de Satanás sobre la humanidad. Fue empoderado por el Espíritu Santo, y nos ha dado el Espíritu para ayudarnos a medida que intercedemos. "Mas el que escudriña los corazones sabe cuál es la intención del Espíritu, porque conforme a la voluntad de Dios intercede por los santos," (Romanos 8:27). Nuestro papel en la intercesión es ser una extensión de la obra que Jesús hizo. Y nuestro llamado intercesor es liberar el poder, la autoridad y el dominio de Dios—para ponernos en la brecha, y hacer cumplir Su voluntad en la tierra.

La intercesión, a través de una intensa batalla, es un medio para que Cristo se forme en los santos. El

Apóstol Pablo dijo, "Hijitos míos, por quienes vuelvo a sufrir dolores de parto hasta que Cristo sea formado en ustedes," (Gálatas 4:19 RVR). Sufrir dolores de parto significa trabajar, laborar o luchar. Es un trabajo duro. Podemos ver el sufrir dolores de parto en la intercesión al igual que un combate de lucha libre. En Génesis 32:24-28 vemos que Jacob luchó con Dios toda la noche y se negó a dejarlo ir hasta que fuera bendecido. No cedería. Dios tocó la cavidad de su muslo derecho, y Jacob salió del encuentro como un hombre distinto. No sólo recibió la bendición por la que trabajó, sino que también obtuvo una cojera y el ser un nuevo nombre. Cuando intercedemos, nos encontramos con el rostro de Dios. El lugar donde Jacob luchó con Dios se llama Penuel, también escrito Peniel, que significa "cara de Dios" en Hebreo.[2] Cuando se encontró cara a cara con Dios, Jacob estaba en un lugar de quebranto y desesperación. Pensó que su hermano Esaú lo iba a matar porque había robado su derecho de nacimiento y la bendición de su padre. Estaba decidido a salir del encuentro con todo lo que necesitaba del Señor.

La intercesión puede conducir a cambios significativos en tu vida, como vemos con Jacob. A veces te sientes cansado, desanimado o derrotado en la intercesión, pero debes decidirte a luchar. El resultado no sólo podría ser una respuesta al asunto que tienes ante el Padre, sino también una revelación fresca, una luz para tu camino o una transformación en un área de tu vida. Cuando oras e intercedes, tienes que aferrarte a tu confianza y regocijarte firmemente en la esperanza hasta el fin (ver Hebreos 3:6).

En intercesión, conquistas a tu oponente—el enemigo—aplicando una presión implacable. Así como el diablo impone pesadez y cargas al pueblo de Dios, tú, como santo, tienes que devolverle el peso y ponerlo sobre él. Y tienes que luchar hasta que obtengas el alivio o la tranquilidad. En medio de todo esto, aprendes a trabajar con el Señor y a permanecer en la brecha por tu nación, ciudad, familia y amigos. La fe es esencial para el éxito de la guerra espiritual. Y tendrás la victoria al desatar tu fe en el Señor (ver Proverbios 21:31 NBLA). Al final, sabrás que has neutralizado al enemigo y ganado la batalla cuando recibes un testimonio—un acuerdo— a través del Espíritu Santo (ver Romanos 8:31; Salmos 44:5).

¿Por qué Interceder?

Dios nos llama a interceder por dos razones importantes: para representarlo, y servir como vigilantes de los asuntos de la tierra. Al igual que con la oración, los creyentes deben ser conscientes de los obstáculos clave que pueden detenerlos de avanzar en la intercesión. Para superar estos bloqueos potenciales, debes comprender cual es tu papel en la tierra, el compromiso de presionar a través de la adversidad y cómo alcanzar tu objetivo con precisión.

A Imagen del Padre

La oración y la intercesión son maneras en las que la humanidad refleja a Dios en la tierra. Dios creó a las personas a Su imagen, como una sombra o un parecido a sí mismo. En Hebreo, la palabra tselem, significa similar o comparable a Dios.[3] Nuestra conexión con Dios debería mostrar a las personas una imagen de qué y quién es Él. Esto no significa que seas un dios, sino que tu tienes Sus atributos. Salmos 8:5-6 dice, "Lo has hecho un poco menor que los ángeles, y lo has coronado de gloria y de esplendor. Le has hecho señorear sobre las obras de Tus manos;

todo lo has puesto debajo de sus pies..." Ser coronado de gloria significa que llevas un gran peso de autoridad en el reino espiritual. Tu posición en el reino es dominar. Todas las cosas, incluido el enemigo, están bajo tus pies.

Mientras oras e intercedes, comprometes al cielo a moverse en tu nombre. Cuando intercedes, tu permites que Dios manifieste Su redención, salvación y sanidad a toda la humanidad. La palabra griega mishael significa aquel que Dios eligió para gobernar sobre la tierra.[4] Dios nos dio a cada uno de nosotros la responsabilidad de gobernar. Salmos 115:16 dice, "Los cielos de los cielos son del SEÑOR; pero Él ha dado la tierra a los hijos del hombre." Dios nos ha dado la tierra para supervisar y mediar para que, a través de nosotros, pueda desarrollar Sus planes divinos. A semejanza de Dios, y a través de nuestras armas de oración e intercesión, nos convertimos en una fuerza poderosa para participar en la guerra y reinar en la tierra.

Vigilantes, Levanten Sus Voces

Los intercesores están llamados a ser vigilantes. Dios no puede cumplir Su voluntad en la tierra si no puede encontrar un intercesor para trabajar junto a Él (ver Isaías

59:16; Ezequiel 22:30). El mundo es un desastre, y no es por los líderes gubernamentales o la desobediencia civil. Es porque los intercesores no están cumpliendo su papel en la tierra. Los intercesores deben estar de acuerdo con Dios y estar dispuestos a luchar con Él en oración profunda, como lo hizo Jacob. Al hacer esto, se convierten en un puente para que las personas crucen y ayudan a mantener el cerco de protección de Dios a su alrededor. Daniel perseveró en la oración y la intercesión (ver Daniel 9, 10). Se quedó de rodillas en adoración y confesó sus pecados, y los del pueblo, Israel. En una visión, un mensajero le dijo a Daniel que el rey de Persia lo resistió durante veintiún días, hasta que el arcángel Miguel vino a ayudar. Daniel entendió la intercesión y se comprometió a perseverar en ella, incluso luchando en batallas desconocidas en los lugares celestiales. Como resultado, Dios escuchó la oración de Daniel y le respondió.

Obstáculos de la Intercesión

No entender la verdad sobre el papel de la humanidad en el gobierno de la tierra es un obstáculo clave en la intercesión. Ya que Dios es soberano, puede que te preguntes por qué necesitas orar e interceder. La respuesta se encuentra en Génesis 1:26-27, donde les da a Adán y Eva dominio sobre la tierra. Dios no va en contra de Su Palabra. No puede moverse a menos que tú lo hagas.

La Biblia dice que debemos orar de acuerdo con Marcos 11:24-25, Escrituras a las que hemos hecho referencia con anterioridad. Al igual que con la oración, en la intercesión a menudo no llegamos a ver un avance porque carecemos de resistencia. Esta es una de las mayores causas de derrota en la intercesión. No esperamos bien. Vivimos en una sociedad de conveniencia, donde recibimos cosas de inmediato. Estamos acostumbrados a las fórmulas—siguiendo un cierto camino y viendo resultados de inmediato. Y ponemos esa misma expectativa en Dios. Muchos intercesores de hoy están fatigados y espiritualmente en bancarrota porque esperan que Dios aparezca en un instante. La verdad es que no se nos conceden automáticamente respuestas a la oración ni resultados inmediatos en intercesión. Tenemos que trabajar y empujar para ver los cambios que deben salir a la luz.

No ayunar regularmente también puede obstaculizar la intercesión. A veces necesitamos ayunar para prepararnos para interceder, para que nuestras mentes y corazones estén limpios, y tengamos la energía que necesitamos para interactuar con el Señor. Además, es posible que sientas que no sabes cómo interceder eficazmente. Recuerden, el Espíritu Santo es tu ayudante y orar en el Espíritu es poderoso. En intercesión, el Espíritu Santo te ayudará a ser preciso orando la voluntad perfecta de Dios a través de ti, para asegurarte de alcanzar tu objetivo. Debes apuntar a dar en el blanco y no ser uno que golpee el aire (ver 1 Corintios 9:26). La palabra "golpear" se traduce en hebreo como paga, que significa suplicar, atacar y enfrentamiento con hostilidad o violencia.[5] Significa reunirse, interceder o alcanzar. Para lograr el éxito en la intercesión, tienes que seguir pegando o golpeando a un objetivo específico (ver Números 35:19; 2 Samuel 1:15).

La oración y la intercesión funcionan de manera diferente, pero son complementarias. Estas armas deben usarse juntas para una guerra efectiva. Combinado con su fundamento de la Palabra de Dios y el empoderamiento del Espíritu Santo—estas son las primeras armas en las que confiarás mientras te preparas para la guerra en la dimensión espiritual.

Capítulo 3

CONFIGURACIÓN DE TUS ARMAS

Pues aunque andamos en la carne, no militamos según la carne; porque las armas de nuestra milicia no son carnales, sino poderosas en Dios para la destrucción de fortalezas, derribando argumentos y toda altivez que se levanta contra el conocimiento de Dios, y llevando cautivo todo pensamiento a la obediencia a Cristo.

—2 Corintios 10:3-5

Has aprendido a entrenarte para la guerra a través del conocimiento y la comprensión de la Palabra de Dios y el poder del Espíritu Santo. Y también ya deberías de estar familiarizado con la oración y la intercesión—tus armas de guerra. Ahora es el momento de aprender cómo configurar estas armas para intensificar tus ataques contra el campamento del enemigo.

En el primer capítulo mencioné que, en el campo de entrenamiento militar (Boot Camp), los soldados son entrenados para participar en la batalla con un rifle M16A2. Si bien es un arma estándar, es sofisticada, versátil y multifuncional por naturaleza. Se puede colocar en el hombro o la cadera, y descargar munición con fuego automático (tres-ráfagas redondas) o semiautomático (disparo único). Tiene un punto de mira trasera totalmente ajustable, un dispositivo óptico que permite una puntería precisa y un compensador que ayuda a mantener el apaga-llamas bajo durante el disparo.[1] Estos rifles son complejos, y tienen muchas otras características que afectan su peso, influyen en la manera de funcionar con diferentes tipos de equipo, y aumentan su alcance al disparar.[2]

En el espíritu, la precisión de tus oraciones e intercesión puede intensificarse con principios específicos, acciones, vocabulario e incluso asistencia angelical. Cuando se utilizan estratégicamente, estas herramientas abren el consejo y el conocimiento o percepción de Dios a los creyentes. Como resultado, sus armas se pueden utilizar eficazmente para confundir e interrumpir el campamento del enemigo. En última instancia, al mejorar tus armas con los siguientes principios, serás capaz de neutralizar el poder y los planes de Satanás.

PRINCIPIOS ESPIRITUALES EN ACCIÓN

- *Fe:* El involucrarse en la guerra espiritual debe comenzar desde un lugar en el que tomas y crees a Dios por Su Palabra. Ten fe en Él y cree que por medio del poder y la autoridad que te ha dado, nada es imposible (ver Marcos 11:22-23).

- *Ayuno:* Negar tu carne es vital para escuchar claramente del Señor. Al abstenerse de los alimentos, total o parcialmente, puedes buscar intencionalmente las instrucciones de Dios sobre cómo romper yugos y liberar cargas (ver Isaías 58:6; Mateo 6:17).

- *La Unción:* El aceite de la unción de Dios destruye los yugos. Por medio del Espíritu del Señor, somos ungidos para traer sanidad y liberación a las personas y lugares que están necesitados (ver Isaías 10:27; Lucas 4:18).

- *Audacia:* Es la voluntad de Dios que entres en guerra con el espíritu de audacia. Esta es Su manera de aterrorizar al enemigo. Con valor en la oración y la intercesión, puedes superar tu propio temor, intimidación e inseguridad (ver 2 Timoteo 1:7; Hebreos 10:19).

- *Marchar/Pisotear/Aplaudir/Danzar:* Dios nos ordena que usemos lo que tenemos para luchar contra el enemigo—nuestros pies, manos, y el movimiento de nuestros cuerpos. En la paz, Él promete aplastar al demonio bajo tus pies, y que el marchar por un tiempo determinado te traerá la victoria. La alabanza que incluye aplaudir y danzar pueden debilitar la línea defensiva del enemigo y permitirte vencerlo (ver Romanos 16:20; Josué 6:2-17; Salmos 47:1).

- *Grito:* Tu voz es otra arma poderosa para usar contra el enemigo. Puedes declarar la Palabra de Dios gritando y cantando en voz alta con audacia. Estamos llamados a alabar al Señor en toda Su santidad (ver Salmos 47:1b; 2 Crónicas 20:22; Josué 6:20).

- *Silencio:* Usando sabiduría, hay momentos en que estás llamado a guardar silencio. El Padre a menudo se comunica con nosotros con una voz apacible, un susurro. Para escucharlo claramente, tenemos que estar callados. Para Elías, esta acción lo llevó a ponerse el manto para profetizar por el Señor (ver 1 Reyes 19:11-13).

- *Contender:* Cuando tu contiendes, tu disputas, peleas, luchas, forcejeas y argumentas en el reino espiritual para manifestar la victoria en la tierra. Contender requiere un combate constante y vigoroso con tu enemigo. Ármate para la guerra y ve a la batalla contra los Madianitas—aquellos que causan conflictos (ver Números 31:3-4).

- *Reprender:* Esto significa reprender bruscamente, amonestar o regañar. Es una expresión fuerte y autoritativa de desaprobación. El Señor reprende al enemigo y podemos afirmar esta verdad contra él (ver Judas 1:9; Isaías 1:17; Proverbios 1:23).

Lenguaje de Guerra

- *Derribando Fortalezas:* Las fortalezas se definen como ciudades fortificadas. Estos son territorios o lugares en los que el enemigo se ha apoderado de la vida de las personas. Derribar los muros de estas ciudades puede ser un reto, pero es posible con Dios a tu lado (ver 2 Reyes 11:8).

- *Establecimiento De Parámetros Y Límites Divinos:* Confirmar los límites de Dios para tu batalla asegurará que tu pie no resbale y que seas muy capaz de superar y destruir a tu enemigo (ver 2 Samuel 22:37-41).

- *Despojo:* Esto significa poner fuera de ocupación o posesión. En la oración, podemos despojar a los espíritus territoriales que bloquean el progreso, las bendiciones y las respuestas a la oración. El príncipe de Persia es el espíritu territorial al que se hace referencia en el libro de Daniel, que detuvo al mensajero enviado a Daniel. El ángel guerrero Miguel fue enviado a liberar al mensajero para cumplir con su asignación (ver Daniel 9:20-24, 10:13).

- *Atar y Desatar:* El atar es un ejercicio por medio del cual inmovilizamos al enemigo. Esto significa que el enemigo está atado y no puede moverse o llevar a cabo su plan. Debemos atar al hombre fuerte que Satanás ha puesto en varias estructuras y entidades en la tierra, y debemos soltar el Espíritu de Dios en la tierra o el fruto del Espíritu en la vida de las personas (ver Mateo 12:29, 16:19, 18:18; Gálatas 5:22-23).

ASISTENCIA ANGÉLICAL

Salmos 91:11 dice que Dios da a sus ángeles para que nos protejan, para cuidarnos en todos nuestros caminos. La palabra "ordenar" significa nombrar a un mensajero; es decir, los ángeles no sólo nos ayudan, sino que también nos cuidan. 2 Samuel 14:20 dice que David es tan sabio como un ángel. Sabio significa astuto, listo, prudente e inteligente. Muchos creyentes no tienen claro el papel de los ángeles porque hay poca enseñanza o doctrina incorrecta sobre ellos. Los ángeles son como nuestro pelotón celestial. Ellos son nuestro refuerzo en el espíritu, listos para ayudarnos en todo momento. Vimos en Éxodo 14 que el

Señor pelea por nosotros, pero también ha proporcionado ángeles para ayudarnos a medida que luchamos. Los ángeles están posicionados con Dios en el cielo, y al igual que en el ejército, tienen varios grados de posición y rango.

Salmos 8:5a dice que Jesús fue hecho un poco más bajo que los ángeles, lo que significa que lo mismo se aplica a nosotros. Sin embargo, no adoramos a los ángeles. Y mientras que los ángeles son designados para ayudarnos, el Espíritu Santo es nuestra fuente número uno de guía, dirección y ayuda. Los ángeles son enviados por Dios como espíritus ministradores para apoyar a los herederos de la salvación. Los herederos de la salvación son aquellos que han recibido a Jesucristo como su Señor y Salvador (ver Hebreos 1:14). Dios, en Su sabiduría y poder, ha dispuesto ángeles para ayudarnos a lograr nuestro destino y propósito. Los ángeles tienen inteligencia y sabiduría y podemos pedirle a Dios su ayuda en la batalla. Más tarde, compartiré un ejemplo de cómo alisté ángeles para ayudarme durante la guerra espiritual, y el rompimiento que se produjo como resultado.

Como vimos anteriormente en la sección sobre intercesión, cuando Daniel oró sabemos que fue escuchado porque los ángeles fueron enviados. Lo mismo sucede cuando oramos. Recuerden en Daniel 10, el mensajero que tenía la respuesta a la oración de Daniel trató de llegar a él, pero se retrasó porque estaba en manos del ángel maligno de Satanás. Miguel el arcángel fue enviado a luchar en los cielos. Su intervención se aseguró de que el mensaje del Señor y la respuesta a la oración llegaran a Daniel. Más tarde, en Daniel 12:1, vemos que Miguel tenía la responsabilidad de proteger al pueblo de Dios y Sus propósitos.

En la guerra, puedes pedirle a Dios que suelte a sus ángeles que sobresalen en fuerza y que obedecen a la voz del Señor, para que junto con todos sus ejércitos, luchen para hacer lo que a Él le place en todos los lugares de Su dominio (ver Salmos 103:20-22). Pídele a Dios que libere a Miguel para luchar contra los imperios persas y contra aquellos que te mantienen a ti y a otros en cautiverio. Cuando ores, ten la confianza de que estás poniendo las cosas en movimiento en los cielos. Dios está liberando ángeles contra la oposición de Satanás a tu oración contestada. Él necesita tu ayuda para cumplir Su misión y te ha proporcionado refuerzos a través del ministerio de los ángeles.

Capítulo 4

CONOCIENDO A TU ENEMIGO

Entonces el SEÑOR habló a Moisés diciendo: "Envía hombres para que exploren la tierra de Canaán, la cual yo doy a los hijos de Israel. Envíen un hombre de cada tribu de sus padres; cada uno de ellos debe ser un dirigente entre ellos..." Los envió Moisés a explorar la tierra de Canaán y les dijo: "Suban de aquí al Néguev, y de allí suban a la región montañosa. Observen qué tal es la tierra, y el pueblo que la habita, si es fuerte o débil, si es poco o numeroso. Observen qué tal es la tierra habitada, si es buena o mala; cómo son las ciudades habitadas, si son solo campamentos o fortificaciones; cómo es la tierra, si es fértil o árida; si hay en ella árboles o no. Esfuércense y tomen muestras del fruto del país". Era el tiempo de las primeras uvas.

—Números 13:1-2, 17-20

El ladrón no viene sino para robar, matar y destruir. Yo he venido para que tengan vida, y para que la tengan en abundancia.

—Juan 10:10

En Números, antes de que los hijos de Israel entraran en la tierra prometida, el Señor instruyó a Moisés a enviar hombres a la tierra para espiarla. Moisés les dijo que investigaran a las personas que moraban en la tierra, que evaluaran la calidad de la tierra misma y determinaran si la tierra era rica o pobre. Toda esta información fue diseñada para ayudarles a desarrollar una estrategia para vencer a sus enemigos para que pudieran tomar posesión de lo que Dios les había prometido. Al adoptar un enfoque similar, podemos elaborar una estrategia eficaz que nos prepara para la victoria.

Antes de participar en la guerra espiritual, debemos tomarnos un tiempo para estudiar y conocer al diablo. Es un verdadero enemigo que no podemos ver, que manifiesta su comportamiento a través de la gente. Nos acusa y viene a robar, matar y destruir. Por lo tanto, debemos prepararnos ofensivamente. Podemos leer Job

1 y 2 para ver la destrucción que causa el enemigo, incluso para aquellos que son fieles. "Aconteció cierto día que vinieron los hijos de Dios para presentarse ante el SEÑOR, y entre ellos vino también Satanás. Y el SEÑOR le preguntó a Satanás: —¿De dónde vienes? Satanás respondió al SEÑOR diciendo: —De recorrer la tierra y de andar por ella." (Job 1:6-7). Dios es consciente de Satanás y está teniendo una conversación con él acerca de afligir a Job (ver Job 1:8-12). Satanás primero ataca el carácter de Job y luego su salud. Su objetivo es hacer que Job se lamente y se sienta culpable. Es lo mismo con nosotros. Mientras el enemigo pueda hacernos sentir condenados, no podemos derrotarlo. La culpa es una de las claves para derrotarnos, pero la justicia es la clave de la victoria. A través de la cruz, Dios ha lidiado con toda culpa. Nos ha perdonado por todos nuestros pecados (ver Colosenses 2:14 NVI). Algunos creyentes piensan que debido a la cobertura de protección de Dios, están exentos de ataques demoníacos. La historia de Job demuestra que esto no es así. Eclesiastés 10:8 RVR dice que cuando se fractura la cobertura de protección, la serpiente muerde.

Esto no significa que le demos todo el crédito al enemigo por causar los problemas que nos conciernen, pero debemos ser conscientes de las trampas que se pueden formar si elegimos no creer en él en absoluto. Creer que Satanás no existe es peligroso y puede crear dificultades para los seguidores de Jesús. Segunda Corintios 2:11 dice que no debemos ser ignorantes de las maquinaciones de Satanás. Una maquinación es un truco, un plan astuto o un plan para engañar (ver Salmos 21:11, 26:10). Los dispositivos demoníacos están diseñados para descarrilar a los creyentes. Como abordamos en nuestra sección de fundamentos, el campo de batalla del diablo es la mente. Si no tenemos cuidado, lo que puede comenzar como un simple descuido de nuestra parte con respeto a nuestro enemigo puede crear una fortaleza de incredulidad.

Satanás en Todas sus Formas

Satanás es conocido como el diablo y Lucifer, que se traduce como Estrella del Día o portador de luz (ver Mateo 4:1; Isaías 14:12; Apocalipsis 22:16). Otros nombres para él incluyen el hijo de la perdición, el padre de las mentiras, el engañador de todo el mundo, el tentador, el gobernante de este mundo, y el príncipe del poder del aire (ver 2 Tesalonicenses 2:3; Juan 8:44; Apocalipsis 12:9; Mateo 4:3; Juan 14:30; Efesios 2:2). También se le llama el ángel-príncipe, o Abadón, el destructor o ángel del pozo sin fondo (ver Apocalipsis 9:11). Apocalipsis 12:3-4 lo representa como un gran dragón rojo.

Lucifer era un querubín, que fue designado para dirigir la asamblea de adoración celestial a la gloria de la presencia de Dios. Los querubines se describen como figuras aladas que por lo general se encuentran en una cercanía especial a Dios. Se dedican a la más alta adoración y servicio y siempre se mueven de acuerdo con Su voluntad (ver Salmos 18:10; Ezequiel 10:20; Apocalipsis 4:1-11).[1] Lucifer era conocido como el querubín ungido. De todas las criaturas del Señor, esta designación se le da sólo a él (ver Ezequiel 28:14). Podemos concluir que, debido a sus dones, se puso celoso, lleno de orgullo, rebelde, y pensó que debía ser como Dios (ver Ezequiel 28:1-12). Eventualmente, lanzó un asalto total contra los otros ángeles, indicando su decisión de entrar en una guerra eterna contra el Creador, Dios Todopoderoso.

Lucifer se convirtió en la raíz de todo mal en el

universo. La Biblia dice que él era perfecto en todos sus caminos hasta que la iniquidad se encontró en él (ver Ezequiel 28:15). Intentó audazmente exaltarse por encima del Maestro, librando una batalla contra el poderoso trono de Dios. Debido a la preeminencia y prestigio de Lucifer en el cielo, fue capaz de influir en ángeles menores para rebelarse contra Dios, atrayéndolos a asociarse con él. Finalmente, Lucifer reclutó a una tercera parte de los ángeles para unirse a él en la ejecución de su plan. Todos fueron expulsados del cielo, perdiendo su morada y la naturaleza divina (ver Lucas 10:18; Apocalipsis 12:7-9). En respuesta a su exilio, el libro de Apocalipsis dice que el diablo persiguió a la mujer que dio a luz al Niño varón. Estaba en oposición con la mujer y quería hacer la guerra con el remanente de su semilla, que guarda los mandamientos de Dios y tiene el testimonio de Jesucristo. Hoy, esta es la razón por la que el diablo ataca a la humanidad y a los creyentes en la tierra (ver Apocalipsis 12:13-17).

El Destino Sellado De Lucifer

En Isaías 14:12-14, Satanás hizo cinco declaraciones en su corazón que demostraron su intención de pelear contra el trono de Dios y confirmaron su lugar en el infierno.

- *"Subire al cielo…"* Tener influencia en el cielo no era suficiente para Lucifer. Quería más y más, y estaba decidido a levantarse por encima del trono de Dios para derrocarlo. Se rebeló contra el Padre, fue exiliado a la tierra y está destinado al infierno.

- *"Seré exaltado, hasta las estrellas de Dios levantaré mi trono …"* Dios ya le había dado a Lucifer una gran autoridad. Isaías 14:13 dice que Lucifer se imaginó a sí mismo estando a cargo de los demás, compitiendo y planeando una revuelta contra la autoridad de Dios.

- *"Me sentaré en el monte de la asamblea, en las regiones más distantes del norte..."* Lucifer pensó que los ángeles debían reunirse en esta montaña—Monte Casio en el norte de Siria—donde la brujería y la adoración de dioses falsos se practican hoy en la actualidad.

- *"Subiré sobre las alturas de las nubes..."* El orgullo y la arrogancia de Lucifer no flaquearon. No conocía límites. Realmente se imaginó a sí mismo manteniendo una posición más alta que la de Dios.

- *"Seré semejante al Altísimo."* Lucifer, en su mayor sed de poder, dijo que sería como el Dios Todopoderoso, con igual gobierno y antigüedad. Con estas palabras mostró codicia, que es el deseo excesivo de las posesiones de Dios.

DEMONOLOGÍA

Satanás es el enemigo de nuestras almas. Él es con quien nos enfrentamos regularmente, y es la mayor amenaza para nuestra libertad y capacidad de cumplir nuestro propósito. Hemos establecido que nunca debemos centrarnos únicamente en él. Pero, conocer y entender cómo opera, y cómo esto se conecta a la guerra espiritual, es vital. Satanás opera principalmente a través de demonios. Un demonio es un espíritu incorpóreo, lo que significa que existe fuera de un cuerpo; sin embargo, necesita un cuerpo para operar.

La demonología es el estudio o la creencia en los demonios. A la vista de Dios, los demonios son malvados e impuros. Satanás manifiesta su comportamiento a través de las personas. Esto sucede cuando obtiene acceso a sus almas a través de puertas abiertas como el pecado, problemas generacionales o maldiciones decretadas contra ellos. Esta es la razón por la que la mayoría de las personas, organizaciones y países operan bajo cierto nivel de disfunción. Y esta es la razón por la que la gente necesita liberación—el acto de expulsar espíritus demoníacos. La enseñanza acerca de los demonios es ignorada en gran medida en la iglesia hoy en día. Sin embargo, la sanidad y la liberación son clave para derrotar a Satanás, al pecado y a la muerte.

Luchando En Los Lugares Celestiales

Los cielos están llenos de los principados del mal. El término "cielos" se refiere a uno de los tres reinos. Hebreos 4:14 says, "Por tanto, teniendo un gran sumo sacerdote que ha traspasado los cielos, Jesús el Hijo de Dios..." Además, Pablo dice que conocía a un hombre en Cristo que, ya sea dentro o fuera del cuerpo, fue arrebatado hasta el tercer cielo (ver 2 Corintios 12:2). Si hay un tercer cielo, debe haber un primero y un segundo. Aquí está una descripción de los tres:

- *El Primer Cielo:* Esto incluye nuestra atmósfera inmediata, a unas 20 millas sobre la tierra. Esto comprende el aire que respiramos y el espacio que rodea inmediatamente la tierra. La palabra traducida "aire" es ouranos, la misma palabra griega que en otras secciones de la Biblia se traduce como "cielo", (ver Génesis 6:7; Santiago 5:18).

- *El Segundo Cielo:* El espacio exterior, incluyendo el sol, la luna y las estrellas, es el cielo, o el segundo cielo. La Biblia se refiere a las estrellas en el cielo como el "cielo de los cielos", (ver Mateo 24:29; Deuteronomio 4:19, 10:14; Salmos 148:4).

- *El Tercer Cielo:* Dios no puede estar contenido en un solo lugar geográfico, sin embargo, el tercer cielo se conoce como el hogar de Dios (ver 1 Reyes 8:27; Hebreos 8:1, 9:24; Hechos 7:55; Apocalipsis 4:14).[2]

La guerra espiritual, o la lucha en la dimensión espiritual, tiene lugar en los cielos. Los reinos demoníacos incluyen el primer y segundo cielo, que son controlados por principados. Estos son espíritus gobernantes que tienen supervisión de regiones y territorios, y los grupos de demonios asignados a ciudades, instituciones e incluso personas específicas. Los principados y la opresión demoníaca se afianzan a través de las aberturas— también llamados vías aéreas, vórtices, puertas o portales que les dan acceso a personas y lugares. Al enemigo sólo se le da el derecho de acceder a las personas a través de un comportamiento pecaminoso. Esto incluye pensamientos, creencias y comportamientos que van en contra de la voluntad de Dios.

Si bien se te ha dado poder sobre todo el poder del enemigo, para pisotear a criaturas mortales y no ser herido, debes prepararte para luchar. Es un enemigo derrotado, pero es extremadamente hábil en lo que hace, ya que ha estado usando las mismas estrategias y tácticas desde el principio de los tiempos. Estudia, conoce y comprende cómo opera, para que en cada batalla tengas la victoria.

Capítulo 5

PREPARACIÓN PARA LA BATALLA

Aunque acampe un ejército contra mí,
mi corazón no temerá;
Aunque contra mí se levante guerra,
aun así estaré confiado.

—Salmos 27:3

En la militar, estrategia y tácticas dictan cómo se lleva a cabo la guerra. La estrategia implica la planificación cuidadosa, la coordinación y la dirección general de las operaciones militares para cumplir los objetivos. Es el plan de juego general utilizado para dirigir los pasos y acciones de los soldados. Las tácticas se utilizan para ejecutar la estrategia. Son decisiones específicas, a corto plazo que implican el movimiento de tropas y el despliegue de armas en el campo de batalla.[1]

Como creyente y soldado en el ejército de Dios, ahora debes tener el conocimiento y la comprensión de todas las herramientas que necesitas para participar en la guerra espiritual con fuerza y confianza. Tu has aprendido a:

- Establecer un fundamento sólido en la Palabra de Dios, con el empoderamiento del Espíritu Santo y la autoridad de Jesucristo.
- Identificar, comprender y usar la oración y la intercesión como tus armas de guerra.
- Comprender y usar principios espirituales, vocabulario y asistencia angelical para configurar tus armas.
- Conocer a tu enemigo, Satanás, y sus estrategias.

Ahora nos centraremos en reunir todo lo que has aprendido para prepararte para la guerra. Comenzaremos con algunos puntos prácticos para ayudarte a mantenerte en una postura de preparación continua para las batallas que enfrentarás. Te animo a que pases tiempo en oración y meditación y confíes en la ayuda del Espíritu Santo para ejecutar estas actividades en tu vida diaria.

- *Pasa tiempo en la presencia de Dios* (Salmos 16:11)
- *Lee y estudia la Biblia* (Josué 1:8)
- *Cultiva un ambiente para escuchar y recibir instrucción de Dios* (2 Pedro 1:18)
- *Adora a Dios* (Juan 4:24)
- *Comprométete a una vida de pureza y ora regularmente por la purificación espiritual* (Salmos 51:10; 1 Juan 5:18)
- *Pídele a Dios que te revele problemas de pecado* (Salmos 66:18)
- *Perseguir motivos puros* (Mateo 5:8; Josué 7:1-9)
- *Mantén el corazón de un siervo* (Marcos 9:35; Gálatas 5:13; 1 Pedro 4:10-11)
- *Protege tu corazón contra los celos y la envidia* (Proverbios 4:23)
- *Permanece en paz con todos y vive en santidad* (Hebreos 12:14)
- *Sé humilde* (1 Pedro 5:6)

INVOLUCRA AL ESPÍRITU SANTO

A medida que te preparas, lo más importante a recordar es que tu estrategia de batalla, incluyendo cómo utilizas tu armamento y el conocimiento que tienes de tu enemigo para librar la guerra, debe ser completamente guiado por el Espíritu Santo. Esto es esencial. Nunca se puede saber exactamente cómo el Señor te va a indicar que te muevas. Sus instrucciones son siempre precisas y adaptadas a cada situación. No existe una fórmula y un "patrón único para todo" no funcionará. Sólo tendrás éxito siguiendo instrucciones específicas del Señor. El flujo y la claridad de las instrucciones que Él te da dependerán en gran medida de cuánto tiempo pases en la Palabra y en Su presencia.

Una vez que tengas Sus instrucciones, el siguiente paso es checar tu uniforme—la armadura de Dios. Aprieta la correa del casco, asegura las cintas de tus botas, cerciórate de que tu equipo está intacto, y prepara tus armas. Recuerda la autoridad que se te ha dado por medio de Jesucristo. Por último, ¡ten fe y confianza en Dios de que serás victorioso!

EXPERIENCIAS DE LA VIDA REAL

Creo que es importante compartir con ustedes algunos ejemplos de cómo toda la formación, armamento, y la preparación esbozada en este libro han sido eficaces para mí personalmente conforme he ministrado en todo el mundo. Lo que he compartido con ustedes hasta ahora se basa en la revelación que he recibido del Señor durante muchos años. En cada uno de los siguientes casos, busqué al Señor para recibir Su instrucción mientras me preparaba para ministrar. Hubo algunas ocasiones en las que Él nos proveyó a mí y a nuestro equipo con inteligencia de antemano, y en ocasiones recibí revelación justo en medio de estar ministrando. La clave para mí siempre ha sido prepararme con la oración, ser sensible a la voz del Espíritu Santo, ser obediente al hacer exactamente lo que Él indica, y utilizar mi conocimiento de la Palabra para pegarle el objetivo.

Una Sanidad Milagrosa
Estaba en oración, preparándome para ministrar esa noche con mi equipo. Al salir de mi tiempo de oración, el

Espíritu Santo me reveló que un espíritu de enfermedad estaría entre nosotros, y que el poder para sanar estaría presente. Me dio Lucas 5:17, que dice, "Aconteció un día, que Él estaba enseñando, y estaban sentados los fariseos y doctores de la ley, los cuales habían venido de todas las aldeas de Galilea, y de Judea y Jerusalén; y el poder del Señor estaba con Él para sanar." He aprendido que cada vez que Dios quiere hacer algo, lo revela en la Palabra. La Palabra dice que no contristemos al Espíritu Santo, así que tenemos que estar seguros de ceder a Él (ver 1 Tesalonicenses 5:19).

Dios dijo que quería que alguien fuera sanado esa noche. Después de comenzar el servicio, les dije a los que asistieron a la reunión que había algunas personas presentes que necesitaban sanidad. Una mujer que era parte de nuestro ministerio llegó al altar. Tenía un tumor canceroso en el cuello, y sus médicos le dijeron que, si lo extirpaban, podía perder su capacidad de hablar. Esta mujer cantaba en nuestro ministerio, y el absceso era visiblemente notable. Empecé a orar en el Espíritu Santo y dije:

"Ordeno la asistencia angelical para ayudar a esta mujer ahora, en el nombre de Jesús, y el poder de Dios para ser liberado. Desato el fuego de Dios para quemar este tumor ahora y llamo a Jehová-Rapha—el Señor que sana—en el nombre de Jesús," (ver Mateo 14:14; Éxodo 15:26). Vimos el absceso disolverse y desaparecer del cuello de la mujer. Dios la sanó instantáneamente. Varios miembros de mi equipo se desmayaron, nunca habían visto una sanidad milagrosa.

Liberación en Virginia

Me pidieron que ministrara liberación como parte del entrenamiento profético y apostólico para un pastor y sus líderes ministeriales. En preparación para la sesión, mi equipo y yo oramos y pedimos a Dios que nos revelara las fortalezas y cualquier entidad demoniaca que estuviera en la región. El Espíritu Santo nos hizo saber que había una fuerte brujería siendo practicada en la zona. Específicamente, el Señor dijo que la región estaba seca. Dijo que no había agua y la gente tenía sed de liberación. Dios nos mostró que la brujería de alto nivel, los espíritus familiares y los altares demoníacos estaban causando los problemas. Antes de ministrar, yo decreté Levítico 20:27 RVR sobre la región. Este versículo dice que, "Y el hombre o la mujer que evocare espíritus de muertos o se entregare a la adivinación, ha de morir; serán apedreados; su sangre será sobre ellos." Ordené al cielo que liberara piedras, até espíritus familiares y le pedí a Dios que fuera un fuego consumidor para desatar fuego sobre los altares demoníacos. Declaré Hebreos 10:29: "¿Cuánto mayor castigo piensan que merecerá el que ha pisoteado al Hijo de Dios, que ha considerado de poca importancia la sangre del pacto por la cual fue santificado y que ha ultrajado al Espíritu de gracia?"

La sesión estaba programada para llevarse a cabo durante el día; sin embargo, al llegar, mi equipo y yo comentamos cómo el cielo estaba nublado y oscuro. La atmósfera se sentía pesada, como si algo estuviera pesando en el área en el espíritu. Como el Espíritu Santo nos había advertido, la iglesia se encontraba en la misma vecindad donde prevalecía la brujería. Por la calle había incluso escaparates para psíquicos y lectores de tarjetas de tarot. Al acercarnos a la iglesia, nos dimos cuenta de una serie de aves negras que parecían cuervos anidando en árboles adyacentes al edificio. Supe de inmediato por el Espíritu Santo que los pájaros estaban asignados a realizar una vigilancia demoníaca. Estaban allí para vigilar y ver lo que estábamos haciendo allí. Creo que algunas de las brujas en el área en realidad tomaron la forma de estas aves para interferir con la liberación.

Una vez que estuvimos en el lugar con nuestros anfitriones, mi primer objetivo fue evitar que la brujería interfiriera con nuestras actividades, así que decreté lo siguiente: "Libero la espada y las flechas del Señor para cortar las patas de estos pájaros espirituales debajo de ellos y tirarlos al suelo. Libero ángeles ministradores para asistirnos mientras ministramos a este equipo," (ver Génesis 15:11; Job 5:12-14). Los pájaros comenzaron a chillar. Algunos cayeron al suelo y el resto se fue volando. Después de que entramos a la iglesia y comenzamos a efectuar la liberación en nuestro equipo anfitrión, varios de ellos se manifestaron, eso era evidencia de opresión demoníaca en la zona. Eventualmente, para esa noche todo el equipo había sido liberado.

Principados en la Frontera EE.UU-Canadá

En Michigan, cerca de la frontera canadiense, un ministerio estaba experimentando un número inusual de accidentes y muertes prematuras. Los líderes del ministerio allí me dijeron que esto provenía de personas que practicaban adivinación (clarividencia) y necromancia (adoración a los muertos) en el área. La gente estaba lanzando hechizos en la región como parte de su actividad demoníaca. A mi equipo se le pidió que ministrara en la zona para interrumpir estos ataques tácticos del enemigo. En la oración, le pedí a Dios la historia de la región y por qué la situación existía. El Espíritu Santo reveló que los principados (los espíritus gobernantes) sobre la región eran la clarividencia y el asesinato.

Después de aprender esta información, mi primer paso fue orar e involucrar a Dios. Le hice saber que necesitábamos ir en contra de la adivinación y el asesinato y comencé a orar para que se hiciera Su voluntad en la tierra como en el cielo. (ver Mateo 6:9-13; Hebreos 7:26; Romanos 8:26). Le pedí a Dios instrucciones y dirección. Me aconsejó que comenzara orando en lenguas e intercediera por la región, la ciudad y la gente. Dijo que a continuación tendría que venir en contra de la brujería y otro principado—el espíritu del anticristo. Mi equipo y yo comenzamos a guerrear a través de la oración y la intercesión, utilizando Escrituras que apuntaban específicamente a estos principados y la destrucción que resultaba de su actividad. A lo largo de varios días, el Espíritu Santo comenzó a dar testimonio con nosotros de que el control demoníaco sobre el territorio se estaba debilitando. Comenzamos a ministrar liberación a cada uno de los miembros del ministerio. Después de nuestro tiempo allí, recibimos el testimonio de los líderes de que los accidentes ya no ocurrían y que las personas estaban experimentando la libertad.

El propósito de compartir estos escenarios de la vida real es ayudarles a ver cómo funciona realmente la revelación que he compartido con ustedes en este libro. A partir de estos ejemplos, puedes ver cuánto mi equipo y yo confiamos en la oración, en escuchar al Espíritu Santo, y en la Palabra de Dios. Debes saber que algunas de tus batallas terminarán rápidamente, mientras que otras pueden tardar más tiempo. Anímate, y no te canses en la batalla (ver Gálatas 6:9). Mantente comprometido hasta que llegue la victoria—no importa cuánto tiempo tome (ver Apocalipsis 20:1-3). ¡La victoria es tuya!

Capítulo 6

ORACIONES DE GUERRA Y DECRETOS

Job 22:28 dice decretar una cosa y esta se establecerá. Decretar es dictar, ordenar o prescribir. Es para determinar u ordenar judicialmente. Esto significa conforme a la ley, que se hará lo que digas en alineación con la Palabra de Dios. Al participar en la guerra espiritual, los decretos se utilizan por dos razones: 1. Para edificarse y animarse en el Señor; para recordarte con quien y desde quien tu peleas, y 2. Para recordarle al Señor lo que prometió que se cumpliría (ver Salmos 55:11). A medida que desarrolles tu experiencia y fortaleza en la guerra espiritual, crearás tus propios decretos y oraciones usando la Palabra de Dios. Para ayudarte a lanzarte a la guerra, aquí hay algunos decretos fundamentales que puedes usar:

Declarar Tu Autoridad como el Justo

Hemos establecido que tu tienes autoridad por medio de Cristo Jesús. Recuérdate a ti mismo y al enemigo de esa verdad.

Decreto:

> "Él quebrantará todo el poderío de los impíos;
> pero el poderío del justo será exaltado."
>
> —Salmos 75:10

Sabiduría, Revelación y Conocimiento

Oren para que el espíritu de sabiduría, revelación y conocimiento sea desatado conforme Dios, tu fortaleza, te brinda estabilidad en este tiempo.

Decreto:

> Yo... no ceso de dar gracias por ustedes recordándoles en mis oraciones. Pido que el Dios de nuestro Señor Jesucristo, el Padre de gloria, les dé espíritu de sabiduría y de revelación en el pleno

conocimiento de Él; habiendo sido iluminados los ojos de su entendimiento para que conozcan cuál es la esperanza a la que los ha llamado, cuáles las riquezas de la gloria de Su herencia en los santos, y cuál la inmensurable grandeza de Su poder para con nosotros los que creemos, conforme a la operación del dominio de Su fuerza. Dios la ejerció en Cristo cuando lo resucitó de entre los muertos y lo hizo sentar a Su diestra en los lugares celestiales, por encima de todo principado, autoridad, poder, señorío y todo nombre que sea nombrado, no solo en esta edad sino también en la venidera. Aun todas las cosas las sometió Dios bajo Sus pies y lo puso a Él por cabeza sobre todas las cosas para la iglesia.

—Efesios 1:16-22

¡Ay de ti, que saqueas, y nunca fuiste saqueado; que haces deslealtad, bien que nadie contra ti la hizo! Cuando acabes de saquear, serás tú saqueado; y cuando acabes de hacer deslealtad, se hará contra ti.

Oh Jehová, ten misericordia de nosotros, a Ti hemos

esperado; Tú, brazo de ellos en la mañana, sé también nuestra salvación en tiempo de la tribulación.

Los pueblos huyeron a la voz del estruendo; las naciones fueron esparcidas al levantarte Tú.

Sus despojos serán recogidos como cuando recogen orugas; correrán sobre ellos como de una a otra parte corren las langostas.

Será exaltado Jehová, el cual mora en las alturas; llenó a Sion de juicio y de justicia.

Y reinarán en tus tiempos la sabiduría y la ciencia, y abundancia de salvación; el temor de Jehová será su tesoro.

—Isaías 33:1-6

¡Bueno es el SEÑOR!

Es una fortaleza en el día de la angustia

y conoce a los que en Él se refugian.

Pero arrasa con impetuosa inundación

al que se levanta contra Él

¡Aun en las tinieblas perseguirá a Sus enemigos!

¿Qué traman contra el SEÑOR?

¡Él arrasará y no tomará venganza dos veces de Su

enemigo!

 Como espinas entretejidas

y como borrachos en su embriaguez

serán consumidos como paja seca.

De ti salió el que imaginó mal contra Jehová,

un consejero perverso.

—Nahúm 1:7-11

... porque yo os daré palabra y sabiduría, la cual

no podrán resistir ni contradecir todos los que se

opongan.

—Lucas 21:15

La Operación de la Sangre de Jesús

Ora por el desatar de la autoridad, el poder y la paz a través de la sangre de Jesús. Hay redención, y eres perfecto en la sangre del pacto eterno. Ora para que tu conciencia se limpie con la sangre de Jesús, y para que recibas una multitud de gracia y paz. Cubre las puertas de tu casa y cubre tus posesiones con la sangre de Jesús. Decreto:

… y por medio de Él reconciliar consigo todas las cosas, así las que están en la tierra como las que están en los cielos, haciendo la paz mediante la sangre de Su cruz.

—Colosenses 1:20

En Él tenemos redención por medio de Su sangre, el perdón de nuestras transgresiones, según las riquezas de su gracia…

—Efesios 1:7

El Dios que da la paz levantó de entre los muertos al gran Pastor de las ovejas, a nuestro Señor Jesús, por la sangre del pacto eterno. Que Él los capacite en todo lo bueno para hacer Su voluntad. Y que, por medio de Jesucristo, Dios cumpla en nosotros lo que le agrada. A Él sea la gloria por los siglos de los siglos. Amén.

—Hebreos 13:20-21

… ¿cuánto más la sangre de Cristo, el cual mediante el Espíritu eterno se ofreció a sí mismo sin mancha a Dios, limpiará vuestras conciencias de obras muertas para que sirváis al Dios vivo?

—Hebreos 9:14

...elegidos según la presciencia de Dios Padre en santificación del Espíritu, para obedecer y ser rociados con la sangre de Jesucristo: Gracia y paz os sean multiplicadas.

—1 Pedro 1:2

La sangre les servirá de señal en las casas donde estén. Yo veré la sangre y en cuanto a ustedes pasaré de largo y cuando castigue la tierra de Egipto, no habrá en ustedes ninguna plaga para destruirlos.

—Éxodo 12:13

Valor, Audacia y Poder Contra El Enemigo
Ora por valor y por que seas fuerte en el Señor y en el poder de Su fuerza.
Decreto:

Nunca se apartará de tu boca este libro de la ley, sino que de día y de noche meditarás en él, para que guardes y hagas conforme a todo lo que en él está escrito; porque entonces harás prosperar tu camino, y todo te saldrá bien.

—Josué 1:8

Por lo demás, hermanos míos, fortaleceos en el Señor, y en el poder de Su fuerza.

—Efesios 6:10

Desatar El Poder De Dios

Salmos 35:1 dice que Dios contenderá con aquellos que se nos opongan. Luchará por ti y se asegurará de que el enemigo se encuentre con su muerte. ¿Quién es este Rey de gloria? Jehová el fuerte y valiente, El Señor poderoso en batalla (ver Salmos 24:8).

Decreto:

Oh SEÑOR, Dios de las venganzas;
oh Dios de las venganzas, ¡manifiéstate!

para darle tranquilidad en los días de la desgracia;
en tanto que para los impíos se cava una fosa.

—Salmos 94:1, 13

Oh Dios, sálvame por Tu nombre
y defiéndeme con Tu poder.

—Salmos 54:1

Allí se sobresaltaron de pavor donde no había miedo,
Porque Dios ha esparcido los huesos del que puso
asedio contra ti;
Los avergonzaste, porque Dios los desechó.

—Salmos 53:5

Que frustra los pensamientos de los astutos,
Para que sus manos no hagan nada;
Que prende a los sabios en la astucia de ellos,
Y frustra los designios de los perversos.
De día tropiezan con tinieblas,
Y a mediodía andan a tientas como de noche.

—Job 5:12-14

Bendito sea Jehová, mi Roca,

Quien adiestra mis manos para la batalla,

Y mis dedos para la guerra;

Misericordia mía y mi castillo,

Fortaleza mía y mi libertador,

Escudo mío, en quien he confiado;

El que sujeta a mi pueblo debajo de mí.

—Salmos 144:1-2

Asistencia Angélical

Pídele a Dios que desate a los ángeles del Señor para asistirte mientras luchas. Puede involucrar a Miguel, el ángel de guerra y al poderoso ejército del cielo, para pelear contra tus enemigos.

Decreto:

"He aquí, yo envío un ángel delante de ti, para que te guarde en el camino y te lleve al lugar que yo he preparado."

—Éxodo 23:20

Sobre los que guardan Su pacto

y se acuerdan de Sus mandamientos para ponerlos

por obra.

 El SEÑOR estableció en los cielos Su trono,

y Su reino domina sobre todo.

Bendigan al SEÑOR, ustedes Sus poderosos ángeles

que ejecutan Su palabra obedeciendo la voz de ella.

Bendigan al SEÑOR, ustedes todos Sus ejércitos;

servidores Suyos que hacen Su voluntad.

Bendigan al SEÑOR, ustedes todas Sus obras

en todos los lugares de Su señorío. ¡Bendice, alma

mía, al SEÑOR!

—Salmos 103:18-22

¿Y a cuál de sus ángeles ha dicho jamás: Siéntate a

Mi diestra,

hasta que ponga a tus enemigos por estrado de tus

pies?

¿Acaso no son todos espíritus servidores, enviados

para ministrar a favor de los que han de heredar la

salvación?

—Hebreos 1:13-14

Y me dijo: —"Daniel, no temas, porque tus palabras
han sido oídas desde el primer día que dedicaste
tu corazón a entender y a humillarte en presencia
de tu Dios. Yo he venido a causa de tus palabras. El
príncipe del reino de Persia se me opuso durante
veintiún días; pero he aquí que Miguel, uno de los
principales príncipes, vino para ayudarme; y quedé
allí con los reyes de Persia."

—Daniel 10:12-13

Zabulón es el pueblo que expuso su vida hasta la
muerte;
Neftalí también, en las alturas del campo.
Vinieron los reyes y combatieron;
entonces combatieron los reyes de Canaán
en Taanac, junto a las aguas de Meguido, ¡pero no se
llevaron botín de plata!
"Desde los cielos combatieron las estrellas;
desde sus órbitas combatieron contra Sísara.

—Jueces 5:18-20

Cuando el que servía al hombre de Dios madrugó para partir y salió, he aquí que un ejército tenía cercada la ciudad con gente de a caballo y carros. Entonces su criado le dijo: —"¡Ay, señor mío! ¿Qué haremos?"

Él le respondió: —"No tengas miedo, porque más son los que están con nosotros que los que están con ellos."

Entonces Eliseo oró diciendo: —"Te ruego, oh SEÑOR, que abras sus ojos para que vea."

El SEÑOR abrió los ojos del criado, y este miró; y he aquí que el monte estaba lleno de gente de a caballo y carros de fuego, alrededor de Eliseo. Y cuando los sirios descendieron hacia él, Eliseo oró al SEÑOR y dijo: —"Te ruego que hieras a esta gente con ceguera." Y los hirió con ceguera, conforme a la palabra de Eliseo.

—2 Reyes 6:15-18

Peleando Contra Las Fuerzas Demoníacas
Desata arietes contra puertas demoníacas del infierno que están operando contra nosotros. Ata a los opresores demoníacos que buscan nuestras almas. Ora para que el

ángel del Señor derrame fuego del cielo sobre nuestros enemigos. Ora para que los dispositivos de Satanás, el acusador de los hermanos, sean frustrados y abatidos.

Decreto:

La adivinación señaló a su mano derecha, sobre Jerusalén, para dar la orden de ataque, para dar comienzo a la matanza, para levantar la voz en grito de guerra, para poner arietes contra las puertas, para levantar vallados, y edificar torres de sitio.

—Ezequiel 21:22

Luego pon asedio contra ella, construye contra ella un muro de asedio y levanta contra ella un terraplén. Pon contra ella campamentos y coloca arietes contra ella en derredor.

—Ezequiel 4:2

Porque los extraños se han levantado contra mí,
y los violentos buscan mi vida.
No toman en cuenta a Dios.
Selah

—Salmos 54:3

Destrúyelos, oh Señor, y confunde su lengua;
porque violencia y rencilla he visto en la ciudad.

—Salmos 55:9

Amó la maldición; ¡que esta le venga! No quiso la
bendición; ¡que se aleje de él! Vístase de maldición
como de su manto,
y entre ella como agua en sus entrañas
y como aceite en sus huesos.
Séale como vestido que lo cubra,
y como cinturón que siempre lo ciña.
Este sea el pago de parte del SEÑOR para con los
que me acusan,
para los que hablan mal contra mi vida.

—Salmos 109:17-20

Otro ángel vino entonces y se paró ante el altar, con
un incensario de oro; y se le dio mucho incienso
para añadirlo a las oraciones de todos los santos,
sobre el altar de oro que estaba delante del trono.
Y de la mano del ángel subió a la presencia de Dios
el humo del incienso con las oraciones de los santos.
Y el ángel tomó el incensario, y lo llenó del fuego del

altar, y lo arrojó a la tierra; y hubo truenos, y voces, y relámpagos, y un terremoto.

—Apocalipsis 8:3-5

Él frustra los planes de los astutos,

para que sus manos no logren su propósito.

 Él atrapa a los sabios en sus argucias,

y el designio de los sagaces es trastornado.

De día se encuentran con las tinieblas,

y a mediodía andan a tientas como de noche.

—Job 5:12-14

Oí una gran voz en el cielo que decía: "¡Ahora ha llegado la salvación y el poder y el reino de nuestro Dios, y la autoridad de Su Cristo! Porque ha sido arrojado el acusador de nuestros hermanos, el que los acusaba día y noche delante de nuestro Dios."

—Apocalipsis 12:10

ORACIÓN POR LA SALVACIÓN

Reconozco que Jesucristo es Dios; que vino a la tierra como un hombre sin pecado. Estoy agradecido de que murió en mi lugar y pagó el precio por mi pecado. Me arrepiento y confieso que he vivido para mí y no he obedecido a Dios. Porque hizo que Jesús, que no conocía pecado, fuera pecado por mí para que yo pudiera ser la justicia de Dios en Él. Él estaba en el principio con Dios. Todas las cosas fueron hechas a través de Él, y sin Él nada de lo que se hizo se hubiera hecho. Jesús, creo que moriste en la cruz, fuiste puesto en la tumba, y al tercer día, resucitaste de entre los muertos. Padre, sé que he pecado y me ha separado de Ti. Por favor, perdóname. Ahora invito a Jesús a venir a mi corazón. Señor, toma residencia y comienza a vivir y reinar a través de mí. Estoy listo para confiar en Jesucristo como mi Señor y Salvador. Confieso con mi boca y creo en mi corazón al Señor Jesús, y que Él resucitó de entre los muertos. Te agradezco que soy salvo. Padre, envía tu Espíritu Santo y lléname. En el nombre de Jesús, Amén.

NOTAS

INTRODUCCIÓN

1.	"Strateia," Bible Hub, Strong's Concordance (Concordancia Strong), accesado Octubre 1, 2019, https://biblehub.com/greek/4752.htm.

CAPÍTULO 1: ESTABLECIENDO TU FUNDAMENTO PARA LA GUERRA ESPIRITUAL

1.	Stew Smith, "Military Boot Camp At A Glance" ("Campo de Entrenamiento Militar de un Vistazo") military.com, accesado Octubre 29, 2019, https://www.military.com/join-armedforces/militarybasictrainingbootcamp. html.

2.	Deployable Training Division (División de Entrenamiento Desplegable), Joint Staff J7, "Insights and Best Practices Focus Paper: Authorities," ("Documento de Enfoque de Perspectivas y Mejores Prácticas: Autoridades") Segunda Edición," jcs.mil, Octubre 2016, accesado Enero 9, 2020, https://www.jcs.mil/Portals/36/Documents/Doctrine/fp/authorities_ fp.pdf.

3.	"Harpazo," Bible Hub, Strong's Concordance, (Concordancia Strong) accessado Octubre 14, 2019 https://biblehub.com/str/greek/725.htm.

CAPÍTULO 2: ARMAS DE GUERRA: ORACIÓN E INTERCESIÓN

1.   Adela Just, "Prayer and Intercession," ("Oración e Intercesión") generals.org, Octubre 14, 2014, accesado Diciembre 6, 2019, https://www.generals.org/articles/single/prayerand-intercession/.

2.   "Penuel," Bible Study Tools (Herramientas de Estudio Bíblico), Easton's Bible Dictionary (Diccionario Bíblico Eanston), accesado Enero 10, 2020, https://www.biblestudytools.com/ dictionary/penuel/.

3.   "Tselem," Bible Study Tools (Herramientas de Estudio Bíblico), Strong's Concordance (Concordancia Strong), accesada Octubre 1, 2019 https://www.biblestudytools.com/lexicons/hebrew/nas/tselem.html.

4.   "Mishael," Bible Study Tools (Herramientas de Estudio Bíblico), Easton's Bible Dictionary (Diccionario Bíblico Eanston), accesado Octubre 1, 2019, https://www.biblestudytools.com/ dictionary/mishael/.

5.   "Paga," Bible Study Tools (Herramientas de Estudio Bíblico), The NAS Old Testament Hebrew Lexicon (Léxico Hebreo del Antiguo Testamento – NEA), Octubre 1, 2019, https://www.biblestudytools.com/lexicons/hebrew/nas/paga.html.

CAPÍTULO 3: CONFIGURACIÓN DE ARMAS

1.   "M16A2 5.56 Rifle," ("Rifle M16A2 5.56") military.com, accesado Enero 9, 2020, https://www.military.com/equipment/m16a2556rifle.

2.   The Editors of the Encyclopedia Britannica (Editores de la Enciclopedia Británica), "Gun sight, Firearms," ("Mirillas de Armas, Armas de fuego") brittanica.com, Julio 20, 1998, accesado Enero 9, 2020, https://www.britannica.com/technology/ gunsight.

3.   "Midian," Bible Study Tools, Easton's Bible Dictionary (Herramientas de Estudio Bíblico, Diccionario Bíblico Eanston), accesado Enero 22, 2020, https://www.biblestudytools.com/ dictionary/midian/.

CAPÍTULO 4: CONOCIENDO A TU ENEMIGO

1.   "Cherubim" ("Querubin,") Bible Hub, ATS Bible Dictionary (ATS Diccionario Bíblico), accesado 15, 2020, https://biblehub.com/topical/c/cherub.htm.

2.   Don Stewart, "What Are the Three Heavens?" (¿Cuales son los Tres Cielos?) bluelet terbible.org, accesado Diciembre 14, 2019, https://www. blueletterbible.org/faq/don_stewart/don_stewart_151.cfm.

CAPÍTULO 5: PREPARACIÓN PARA LA BATALLA

1.   Ronald E. Goodman, "Strategy and Tactics, Military," (Estrategia y Tacticas Militares) scholastic.com, accesado Enero 9, 2020, https://www. scholastic.com/teachers/articles/teachingcontent/strate gyandtacticsmilitary/.